AF232270

LETTRE

A MONSIEUR

LE COMTE DE MONTLOSIER,

SUR LES CITRAMONTAINS.

Imprimerie de A. Guyot, rue Mignon, N° 2.

LETTRE

A MONSIEUR

Le Comte de Moutlosier,

SUR

LES CITRAMONTAINS,

Par M. Daniel Le Fort,

ANCIEN JURISCONSULTE.

Citra peccatur et ultra.

Paris,

CHEZ
L'AUTEUR, rue Saint-Etienne-des-Grés,
place Sainte Géneviève, n° 6;
SAUTELET, Libraire, vis-à-vis la Bourse;
DELAUNAY, Libraire, Palais-Royal, n° 59;
PÉLICIER, Libraire, place du Palais-Royal;
BLANCHARD, passage Montesquieu;

ET CHEZ LES MARCHANDS DE NOUVEAUTÉS.

1826.

LETTRE

A MONSIEUR

LE COMTE DE MONTLOSIER.

Monsieur le Comte,

En vous joignant à la nombreuse milice qui cherche des Jésuites, et les gratifie de ses injures, en attendant qu'elle les ait trouvés, vous n'avez pas été, comme tant d'autres, déterminé par le désir de faire du bruit : vos ouvrages précédens en avaient assez fait ; et les combats que vous avez livrés au libéralisme en faveur du *castel*, du *manoir* et du *vol du chapon*, vos épigrammes contre l'écritoire industriel, tout cela vous assurait une célébrité qui eût dû suffire à votre ambition ; mais vous étiez bien le maître d'en juger autrement : seulement on a été surpris que votre réunion aux *libéraux* ait eu pour objet la réexpulsion des Jésuites.

> On n'aurait jamais cru qu'une telle entreprise
> D'un seigneur *châtelain* méritât l'entremise.

Quoi qu'il en soit, aujourd'hui que vous voilà libéral, vous n'aurez qu'à vous louer, sans doute, de l'accueil que vous a dû faire la congrégation que vous avez choisie ; car, dans le camp de ces messieurs, il y a plus de joie pour un seigneur de *manoir* qui se convertit et se repent, que pour quatre-vingt-dix-neuf libéraux qui se passent de pénitence.

Comme cependant, Monsieur, vous paraissiez aimer la liberté, je prends sur moi de vous annoncer qu'il n'y en a pas plus dans *l'agrégation* * que vous avez choisie, qu'il n'y en aurait dans toute autre : qu'il s'agisse de libéraux, de Jésuites, de jansénistes, ou de quiconque vous voudrez nommer. Si je dis cela de vos amis, monsieur le Comte, ce

---

* Je substitue ce mot à celui de congrégation, que vous n'aimez pas.

n'est pas parce qu'ils sont libéraux, mais parce qu'ils sont une *agrégation* d'hommes, très-honnêtes comme individus, mais conduits, comme corps, par des intérêts particuliers. Ou *meneurs* ou *menés*, telle est la condition de quiconque s'attache à l'une des coteries dont se compose la société. Être libre et attaché ne se peut ; *hœc miscere nefas, stat contrà ratio.* Voyez PERSE, en son chapitre des *Congrégations.*

Le terrible LA CHALOTAIS, qui a fait expulser les Jésuites, a eu la sagesse de distinguer entre le corps et les individus qui le composaient. Il a vu dans le corps ce qui est dans tous : intrigues, despotisme, intolérance, et une forte tendance vers le pouvoir et l'argent ; mais, en attaquant cet esprit de corps, il a professé beaucoup d'estime pour les particuliers ; il ne leur a pas même reproché leur répugnance à désavouer les principes que l'on attribuait dès lors aux meneurs de cet ordre, connaissant trop la nature des agrégations. BOILEAU, quoi qu'on en dise, avait pensé comme LA CHALOTAIS : il estimait les honnêtes gens qu'il trouvait à Port-Royal et chez les Jésuites ; mais, n'étant pas chargé du ministère public, il n'eut pas à faire les mêmes recherches sur l'esprit de corps qui dirigeait, dit-on, les derniers. Quelle n'eût pas été sa surprise et son indignation, si, après l'expulsion de l'ordre, expulsion dont il eût, je crois, respecté les motifs, il eût entendu poursuivre tous les membres indistinctement par les plus exécrables injures et les imputations les plus atroces.

Supposez que LA CHALOTAIS lui-même (qui, s'il pouvait être rendu à la lumière, voterait évidemment contre le prétendu projet de rétablir la congrégation des Jésuites) entendît traiter comme on le fait ces individus qu'il estimait, tout en dissolvant leur ordre, ne le verrait-on pas déplorer l'épouvantable abus que nous faisons des choses les plus sages et des mesures les plus utiles ? Ne le verrait-on pas reconnaître que telle congrégation qui devait être dissoute par un Gouvernement sage, mais faible, doit être négligée par tel qui serait sage et fort ? Ne le verrait-on pas s'en rapporter, sur cet article, à une Charte qui a réglé tous les droits, et fixé toutes les prétentions?

S'il est vrai que quelques meneurs de la société dite des *Jésuites* aient professé les principes abominables qu'on leur reproche, rien de plus juste que de livrer nominativement ces auteurs à l'indignation de tous les honnêtes gens; mais reprocher à des milliers d'hommes les délits de quelques-uns, c'est être à la fois logicien détestable et moraliste très-suspect.

Voilà, monsieur le Comte, des principes éminemment libéraux, et que je recommande à vos méditations. Au train dont vous y allez, je ne doute pas que vous n'arriviez incessamment à leur hauteur; mais, en attendant, si vous n'êtes pas encore assez *libéral* pour les professer, je ne vous crois pas non plus assez *jésuite* pour les prendre de travers.

Comme j'ai maintenant à vous entretenir des *citramontains*, c'est-à-dire de ceux dont les cabales réunies forment ce concours d'ennemis qui cherchent et poursuivent des *Jésuites*, je dois achever ici ma profession de foi sur ces derniers.

Je n'aime pas l'ordre connu sous le nom de *Société des Jésuites*. J'ai contre cet ordre la prévention que m'ont fait naître toutes les congrégations dont les intérêts particuliers croisent et contrarient l'intérêt général, qui devrait seul nous occuper. Si j'avais à donner mon avis sur la question de les rétablir en congrégation, je voterais contre, comme si j'avais à me prononcer sur l'établissement d'une société s'appelant *jansénistes*, *libéraux*, ou tout autrement. Mais cette aversion, qui est nourrie en moi par la connaissance que j'ai acquise de l'allure de toutes les sectes, ne me rend injuste envers aucune d'elle. J'aime, j'estime et respecte les *libéraux*, les *Jésuites*, les *jansénistes*, et en général tous les individus qui composent les différentes classes de la société ; mais j'accuse l'esprit de corps et de coterie de tout le mal que lui fait leur lutte contre le véritable esprit public. Si vous voulez que je m'explique sur les vices de l'ancien régime des *Jésuites*, je vous dirai que les instituteurs ont rédigé en réglemens écrits ce que les autres n'ont fait qu'établir en habitudes ;

que les réglemens des uns et les habitudes des autres sont également nuisibles à l'intérêt général ; mais que, si vous écrasez seulement une des factions qui divisent l'Etat, vous enrichissez les autres des forces et des moyens de la faction abattue. Quant aux horribles maximes que, depuis mon enfance, j'entends reprocher aux *Jésuites*, je n'y crois pas, *parce que* je ne les ai jamais entendu professer par aucun homme *Jésuite* ni autre ; *parce qu'*ayant feuilleté les livres où l'on m'a dit qu'ils les avaient consignées, je ne les y ai pas trouvées ; *parce que* certains ouvrages que l'on m'a dit avoir conseillé un *régicide* ont été faits et imprimés après le *régicide* commis, et imprimés avec la *permission* des autorités publiques, ce qui me fait craindre qu'ils n'aient été imprimés par *ordre* de ces autorités.

Si je vous renvoyais à *Bayle*, monsieur le Comte, pour y examiner les preuves que vous y trouveriez à l'appui de mes conjectures, vous me diriez peut-être que *Bayle* n'est pas une autorité pour vous. J'en suis fâché ; car je ne connais pas de savant plus indépendant des cliques savantes ou philosophiques ; je ne connais pas d'homme instruit plus probe, et en qui la bonne foi domine davantage les autres qualités.

D'après cela, monsieur le Comte, ne soyez pas surpris si je sépare les individus *Jésuites* du corps, dont je suis le premier à blâmer le régime. Tout ce que j'entends aujourd'hui contre eux me rappelle, malgré moi, l'aventure de CANDIDE, à qui des sauvages proposaient de manger du *Jésuite*. Si je n'ai pas oublié le despotisme dont ils usèrent dans le gouvernement du PARAGUAI, je n'oublirai pas davantage les services qu'ils y ont rendus à l'humanité, les progrès qu'ils ont fait faire dans la civilisation à des peuplades qui, sans eux, n'auraient jamais fait, aux oppresseurs des hommes, la guerre glorieuse qu'elles soutiennent aujourd'hui pour la liberté publique. Si le despotisme a été si long-temps le seul moyen fort et efficace de divers Gouvernemens, pourquoi le reprocher aux seuls Jésuites, qui ne se donnaient pas pour des anges, et n'avaient pas encore appris les ressources que procurent, pour la liberté, les moyens constitutionnels! Pourquoi surtout accuser des milliers d'hommes des torts de leurs chefs, sur lesquels leur régime ne leur laissait aucune influence.

J'ajouterai, monsieur le Comte, que, bien que je sois persuadé qu'il y a maintenant en France, et même en assez grand nombre, des hommes qui se disent et peut-être se croient Jésuites, tant que je ne verrai pas leurs statuts renouvelés, et acceptés par eux et la haute-police, sans l'autorisation de laquelle ils ne peuvent pas s'établir d'une manière soutenable, je croirai que leur résurrection est un rêve, ou plutôt que la crainte de les revoir est un prétexte destiné à cacher la fin et l'objet des efforts d'un parti contraire. Or, comme je ne veux pas appeler ce parti, auquel plusieurs autres se sont réunis, du nom qui ne lui convient plus depuis cette réunion, je le présente sous le nom de *citramontains,* qui ne désigne personne en particulier que les ennemis des Jésuites.

Je vais maintenant examiner avec vous, monsieur le Comte, s'il existe des *citra-*

montains, s'ils sont plus purs, moins intriguans et plus amis de la liberté publique que les *ultramontains*; et si, après la chute de vos ennemis, ils seront moins dangereux qu'eux pour la Charte et la monarchie.

Il est constant que, lorsque les *Jésuites* furent expulsés du royaume, coupables ou non, ils étaient, depuis un siècle en guerre réglée contre une autre société que l'on appelait alors des *jansénistes*; les *Jésuites* professeurs de belles-lettres et de théologie, avaient dans leur sein des hommes d'un mérite reconnu; *Port-Royal* quartier général des *jansénistes*, leur opposait des professeurs, très-recommandables sous tous les rapports. Les mots de manœuvres et d'intrigues étant trop durs, supposons que les deux partis n'aient mis en œuvre que leurs talens pour triompher de leurs concurrens, les *Jésuites* ont succombé, je ne vois en cela que le triomphe d'un parti sur un autre. Croyez-vous, monsieur le Comte, qu'un triomphe de parti soit un objet digne de vos *nobles* efforts? et croiriez-vous la *monarchie* plus sûre et mieux placée entre les mains d'une faction qu'en celles d'une autre? vous proposez-vous de nous faire délibérer entre la grâce *efficace et les restrictions mentales ?* entre *saint Augustin et saint Ignace ?* sont-ce là les graves et politiques matières que l'auguste auteur de la Charte à envisagées lorsqu'il a reconnu la nécessité de suivre la marche des lumières et les progrès de l'esprit humain? A cela vous opposez, je le sais, les droits du *manoir,* mais que fait cela dans l'affaire des Jésuites? comptez-vous sur les jansénistes pour rétablir *le vol du chapon?*

Il est donc de notoriété publique que les *Jésuites* ont été bannis de France, vaincus par les *jansénistes ;* mais comment expliquer l'aveuglement de ceux qui voient partout les *Jésuites expulsés,* et ne voient pas les *jansénistes* qui les ont fait bannir, et qui n'ont jamais quitté le champ de bataille où ils ont vaincu! L'existence des *jansénistes* en France ne peut être niée que par des fous, décider que leur école est plus constitutionnelle que celle des *Jésuites*, qui ne l'est guère à mon avis, est une grande question. Je ne vois d'incontestable que leur présence dans tous ces débats; et l'intérêt qui doit les pousser à empêcher des rivaux dont ils se croyaient débarrassés, de se représenter dans l'arène, où l'on craint qu'ils ne se défendent mieux qu'autrefois.

Vous voyez, monsieur le Comte, qu'en défendant les hommes que vous attaquez, contre les *jansénistes*, je ne nie pas qu'il soit possible que le projet de se rétablir comme corps ne soit venu dans la pensée de quelques-uns d'eux, et que quelques meneurs intriguans, comme l'a insinué M. l'évêque d'*Hermopolis*, ne puissent se glisser dans la masse, et essayer de relever les murs de Troie; ce projet, que je ne nie pas, mérite bien que l'on y prenne garde; mais est-ce une raison pour signaler à la haine, et peut-être à la vengeance, tous les porteurs d'habits noirs et de chapeaux accusés d'avoir trois cornes? A-t-on oublié les suites des fureurs excitées contre les prêtres en général, dans des journées qu'on voudrait oublier;

et les hommes qui traitent en masse les Jésuites de brigands, de régicides, et d'ennemis publics, sont-ils bien sûrs d'arrêter au besoin l'exaspération qu'ils travaillent chaque jour à exciter!

Voilà, monsieur le Comte, une considération qui vous frappera, sans doute; je ne vous la présente pas à raison de ce que vous avez fait : car vous aviez le droit de dénoncer tout ce qui vous paraît dangereux, et vous n'avez pas été plus loin; mais votre nom et votre réputation honorable peuvent porter les esprits bien au-delà du but que vous vous proposez : je vous invite à lire ce qu'on dit des *Jésuites* depuis que vous avez écrit contre eux, et à examiner si la tournure que prend cette affaire ne passe pas les bornes d'une discussion.

L'existence en France de la société janséniste, qui n'en a pas été expulsée, ne peut pas être niée; je ne pense pas qu'on puisse non plus mettre en question d'où part le bruit effroyable dont les *Jésuites* sont l'objet. C'est donc une véritable querelle de parti qu'on est parvenu à relever, et les gens adroits qui mènent tout cela, ne pouvant guère être soupçonnés de prendre un intérêt bien sérieux aux questions théologiques que l'on essaie de reproduire, il reste à deviner quel est leur but définitif : c'est ce que de plus habiles indiqueront peut-être.

Un caractère particulier aux *Jésuites*, et qui paraît manquer à ceux que l'on appelle ainsi aujourd'hui, était une extrême ténacité à leurs réglemens : *sint ut sunt aut non sint* a toujours été leur réponse lorsqu'on a voulu les engager à modifier leurs habitudes. Cette ténacité, qu'on est bien libre de leur reprocher comme un défaut, a pourtant un côté que l'on pourrait louer jusqu'à un certain point ; car l'entêtement même a cela de bon, qu'il ne s'accommode guère avec la mauvaise foi.

Me voici maintenant arrivé à l'examen des procédés employés par les *citramontains* [*],

----

[*] Que ceux que j'ai pris le parti de nommer les *citramontains* soient des *jansénistes*, des *libéraux*, ou un amalgame de diverses opinions, je déclare, pour la dernière fois, que je n'entends parler que des meneurs.

vos alliés, contre les ennemis qu'ils poursuivent. Je ne conçois pas comment la facilité avec laquelle ces messieurs abandonnent, à la première occasion , les opinions et les principes prêchés la veille ne vous a pas éclairé sur le peu de fond que vous pouviez faire sur eux en cas que leurs intérêts vinssent à changer. Je ne vous parlerai que de quelques-unes de leurs variations : elles suffiront pour les faire juger.

Vous vous rappelez que , sous Louis XV, un janséniste célèbre était chargé par le ministère de dénoncer au parlement tout ce qui paraissait dans le sens que nous nommons aujourd'hui *libéral*. Tous ses réquisitoires commençaient ainsi : « *Jamais l'audace des écrivains novateurs n'a été plus hardie et plus encouragée...... Jamais la licence de la presse ne s'est signalée par des entreprises plus menaçantes...* »

Cet orateur frénétique passait pour le dénonciateur banal de tout ce qui paraissait sous les couleurs philosophiques. Auriez-vous pensé qu'il trouvât jamais des plumes *libérales* disposées à louer ces mêmes discours, si virulens et si anti-libéraux ? Hé bien ! il n'a fallu pour cela qu'une petite circonstance : ils ont eu besoin ou cru avoir besoin de son fils ; ils ont cru trouver en lui des dispositions à les servir, et voilà vos amis qui se mettent à vanter ces mêmes phrases, au bout desquelles leurs chansonniers cousaient, il y a quelques mois, ce refrain :

Et patati, et patata,
Pouvait-on s'attendre à ce discours-là ?

Du moment où ils éprouvent que leurs intérêts peuvent être ou compromis ou rassurés, adieu leurs opinions de la veille ; ce qui était hier du galimatias est aujourd'hui un modèle de raison, et l'homme qui leur convient est non-seulement couvert de leurs éloges, mais ces éloges remontent, au besoin, jusqu'à la troisième génération.

Vous partagez aujourd'hui, monsieur le Comte, la faveur des *citramontains* avec le magistrat dont je viens de faire mention ; mais prenez-y garde l'un et l'autre, car à la moindre phrase mal sonnante qui vous échappera contre leurs intérêts du jour.....

Et patati, et patata, etc.

Si vous voulez avoir un exemple frappant de leur mobilité en fait de principes, voyez ce qu'ils ont dit du célèbre jugement qui les a acquittés dans l'affaire des journaux inculpés de tendance......

Je commence par rendre hommage à ce jugement, qui, à mon avis, a fait justice en acquittant le *Constitutionnel* et le *Courrier*. J'ai la conviction que l'acquittement était dans la conscience des juges, comme il était dans les vœux de la grande majorité des Français amis de la Charte et de la liberté de la presse qu'elle a promise; que les juges eussent été *jésuites*, ou *jansénistes*, ou *libéraux*, ou *citramontains*, dès qu'ils étaient probes et justes, les journalistes auraient été absous. Il leur était permis de se réjouir, comme particuliers, d'un événement qui sauvait leur fortune; mais, comme publicistes, ils devaient au public un examen impartial des principes qui ont guidé le tribunal; principes qu'ils n'ont loués que parce qu'on leur donnait gain de cause; principes qu'ils eussent attaqués, peut-être avec raison, si l'on eût acquitté leurs adversaires. Placés dans une autre position que celle où ils se trouvaient, les écrivains libéraux eussent, après le gain de leur procès, commencé par reconnaître que, si la grande majorité des Français avait pris part à l'attaque dirigée contre eux, les inquiétudes que cette attaque avait inspirées sur le sort de la Charte et de la liberté de la presse étaient le véritable principe de cet intérêt.

Ils eussent blâmé, sans sortir du respect dû à la chose jugée, que l'on ait donné dans un considérant, l'idée que le tribunal avait songé à défendre la déclaration du clergé de 1682, déclaration dont il n'est plus question depuis un siècle, et que la Cour royale n'était pas appelée à venger, puisque personne n'était accusé de l'avoir attaquée.

Ils eussent blâmé que, dans un autre considérant, on ait accusé de méconnaître et même de violer *la loi de l'État*, une partie du clergé, qui n'est pas désignée, qui n'a pas été appelée pour se défendre de cette accusation portée par le tribunal lui-même, et qui, par conséquent, a été jugée sans avoir été entendue.

Ils eussent blâmé que la déclaration du clergé fût aujourd'hui, et sans motif, appelée *loi de l'État*, puisque la Charte, qui reconnaît la liberté et l'indépendance de tous les cultes pratiqués en France, la Charte, qui dispose pour tous, est la seule loi *de l'État*, en cette partie, et que tout ce qui lui est opposé doit être abrogé par elle *.

Ils eussent blâmé l'expression d'*Eglise gallicane*, nom qui, depuis la Charte, est dû, au moins, je le crois, quant aux droits, à toutes les églises de France, sans quoi elles ne seraient pas également protégées **.

Ils eussent blâmé que l'on ait, sans l'aveu du législateur, rétabli la peine d'*injonction d'être plus circonspect*, peine que notre Code n'a pas conservée, et qui, pour cette

---

* Avec ce raisonnement, on appellera aussi *loi de l'État* la révocation de l'édit de Nantes, qui émane du même prince sous lequel a été reçue comme *loi* ladite déclaration du clergé.

** N'entendant pas me mêler de théologie, je déclare révoquer, quant aux termes, cette proposition, si elle pouvait être mal interprétée.

raison, est peut-être plus grave qu'autrefois.

Ils eussent blâmé qu'on ait appliqué cette peine à des hommes· déclarés innocens du seul délit qu'on eût à juger, du délit de tendance, que la loi ne punit pas de la peine de l'*injonction*.

Ils eussent blâmé le tort, qui pourrait passer en habitude, de juger ce qui n'est ni livré ni soumis aux juges.

Ils eussent blâmé qu'on ait violé la loi *Ne ultrà petita*, en les punissant d'une *injonction* qui n'avait pas été demandée par l'accusation.

Ils eussent blâmé qu'on ait paru vouloir, en acquittant des hommes accusés mal à propos, donner, par cette injonction, une fiche de consolation aux accusateurs, au moment même où les acquittés célébraient l'*indépendance* de leurs juges, *indépendance* dont apparemment ils avaient douté, puisqu'ils la vantent avec si peu de discrétion ou tant de naïveté.

Ils eussent blâmé que les juges aient motivé sur leurs opinions religieuses un jugement dont les motifs devaient être pris dans la loi sur les libertés de la presse ; car toute la France, à cette époque, s'inquiétait beaucoup de savoir si la presse resterait libre; et très-peu de monde s'informait si une partie du clergé méconnaissait la déclaration de 1682.

Ils eussent blâmé que la Cour, en acquittant les journalistes, ait déclaré que plusieurs des articles étaient répréhensibles, sans indiquer ces articles, ce qui laisse du louche, et les expose à une récidive qu'ils ont, sans doute, à cœur d'éviter.

Ils eussent blâmé le vague laissé dans le jugement du *Courrier*, acquitté, quoique plusieurs articles soient jugés coupables, mais en trop petit nombre pour constituer le délit de *tendance*. Ce délit est, peut-être, assez mal compris pour que l'on fût bien aise de savoir combien il faut avoir fait d'articles coupables pour en être accusé.

Voilà, je n'en doute pas, monsieur le Comte, ce qu'eussent fait et dit vos nouveaux alliés, si des juges favorables aux Jésuites eussent acquitté des écrivains de leur parti sur des motifs semblables.

Sans émettre d'opinion sur les points qui, suivant moi, eussent été blâmés par les libéraux, je ne serais pas surpris qu'il y eût, en effet, dans la rédaction de ce jugement, des choses singulières. Comment, par exemple, concevoir qu'un tribunal puisse déclarer coupables des articles qui lui sont dénoncés, et ne pas les' punir? Tout ce qui est coupable doit être puni, et le Roi seul a le droit de faire grace !

Il y a plus, un tribunal qui déclare coupables, sans les désigner, des articles dénoncés, et qui motive le pardon qu'il accorde aux écrivains, sur ce qu'ils ont eu la louable intention de défendre les droits de l'Eglise gallicane, que l'on suppose et même que l'on déclare attaquée par des hommes qui ne sont point en cause, ce tribunal ne fait-il pas deux choses blâmables : d'abord sortir de la question, et ensuite motiver, sur les opinions religieuses de ses membres, un arrêt qui doit tout entier sortir des intentions de la loi?

Il peut en effet se trouver, dans les diverses chambres de justice du royaume, des juges professant un autre culte, ou simplement d'autres principes ; et, dans ce cas, faudrait-il que le même ouvrage fût puni par les uns et loué par les autres? Ceci est d'autant plus à remarquer, que le cas est arrivé presque sur-le-champ, et que, sur une inculpation faite à un soi-disant jésuite de Lyon, est intervenu un jugement qui eut l'air d'être la parodie de celui de Paris. Si nous voulons que la jurisprudence soit une, gardons-nous d'y faire intervenir des opinions prises dans les catéchismes des diverses sectes.

Ceci m'amène naturellement, monsieur le Comte, au jugement de la Cour royale, sur votre dénonciation. Croyez-vous que les considérans qui le précèdent soient de la bonne et franche jurisprudence, et que l'esprit qui animait jadis les *jansénistes* contre les fils de *Loyola* soit resté bien étranger à la rédaction? Si vous ne pouvez pas, en conscience, assurer que oui, vous avouez le désordre qui nous menace.

Les deux partis se sont félicités de ce jugement, qui, comme la lettre de *Pithagore*, enseigne deux routes différentes : vos adversaires s'applaudissent du dispositif, et vos amis des considérans. Si d'autres s'étaient exprimés comme la Cour royale, n'appelleriez-vous pas cela du *jésuitisme* tout pur? Si la Cour royale était incompétente, comme je crois qu'elle a bien fait de le déclarer ; si elle ne pouvait pas méconnaître les droits de la haute-police, elle était également incompétente pour donner son avis.

Un tribunal ne peut pas, sans violer tous les principes, donner son opinion sur les procès qu'il ne peut pas juger. C'est mettre la haute-police aux prises avec l'opinion qu'il essaie d'établir ; et, si cette haute-police ne juge pas comme lui, elle se trouve autant d'adversaires que le tribunal *incompétent* s'est procuré de partisans, en caressant l'esprit du jour. Vous qui paraissez tenir si fort au régime monarchique, croyez-vous que la monarchie puisse gagner quelque chose aux entraves dans lesquelles il vous plaît de la circonscrire? N'est-ce pas affaiblir le régime que l'on dit vouloir soutenir, que de rendre l'opposition hostile , de protectrice qu'elle devrait être ?

> *Hæc fierent si testiculi vena ulla paterni*
> *Viveret in nobis ?......*

Voyez, monsieur le Comte , où nous peut mener le parti que vous venez d'embrasser. Les droits de *l'Église gallicane*, remis sur le tapis , vont faire reparaître les questions sur la grace efficace , et disparaître l'égalité de protection promise à toutes les confessions ; qu'il vienne , sur ces entrefaites , une bulle de Rome, nous reverrons la lutte des acceptans contre leurs adversaires , et les refus de sacremens jugés par les tribunaux. Chaque Cour royale aura sa jurisprudence conforme aux goûts , aux habitudes , aux liaisons et peut-être aux intérêts des individus de chaque chambre. Daignez vous souvenir combien l'autorité royale , obligée d'intervenir dans ces luttes scandaleuses , a été quelquefois compromise ou forcée à dissimuler. Pesez bien l'effet que finiront par faire sur l'esprit public, trop avancé pour reculer, des discussions de ce genre reproduites dans le dix-neuvième siècle, et jugez si l'avantage de faire changer un ministère déplaisant mérite d'exposer la nation française à tant de périls et de ridicules.

Votre alliance avec les *libéraux* m'a persuadé que la liberté de la presse vous était, surtout, devenue chère, et qu'après le *vol du chapon* vous préfériez à tout l'article de la Charte qui nous la garantit. Je dois donc vous faire observer que le jugement de la Cour royale dont nous avons parlé, jugement qui devait rassurer la France sur la crainte que l'accusation lui avait inspirée, non-seulement ne prononce rien de rassurant sur ce point, qui touchait de si près les écrivains libéraux, mais même qu'il établit des précédens dont la liberté de la presse a droit de s'effrayer, précédens contre lesquels nos journaux constitutionnels se seraient vigoureusement élevés, n'était le soutien que la Cour royale leur a prêté en cette occasion, et la crainte d'en avoir encore besoin.

D'abord, ce jugement rétablit et remet dans la main des tribunaux la censure, si heureusement abolie par Sa Majesté à son avénement au trône. Je vais le prouver.

Déclarer *répréhensibles* des articles qui ne sont pas coupables, qu'est-ce autre chose que censurer? Et notez que ce genre de censure confié à des tribunaux est d'autant plus redoutable, que les nouveaux censeurs seront plus respectés que les autres. Si l'on y peut joindre l'injonction d'être plus circonspect à l'avenir, punition qui, à mon avis, ne pourrait être appliquée qu'à un délit prévu par la loi, on empêche un écrivain d'exprimer sa pensée de la manière qui lui aurait convenu, et on l'oblige à chercher, dans la façon de voir des magistrats dont il sera justiciable, les tournures et les expressions que la loi l'autorisait à prendre dans la sienne. Ce serait un grand malheur, sans doute, que de manquer d'égard pour des arrêts d'une Cour royale : il faudra donc s'y soumettre : que peut faire de plus la censure ? Que font les censeurs qui raient ce que vous avez écrit, sinon vous dire de faire *autrement*, et surtout de faire à leur goût?

Dans un Gouvernement où les divers cultes sont permis , chacun est autorisé à exprimer son opinion religieuse dans les termes qui lui conviennent ; mais telle phrase d'un catholique sera répréhensible pour un calviniste , pour un luthérien ; si le juge est dans l'un de ces deux cas , et qu'au lieu de la loi civile il consulte sa loi religieuse, en jugeant un écrit , quelle garantie aura l'écrivain ! si une chambre d'une Cour royale a plus de membres *jansénistes* que *d'ultramontains* , pour parler comme vos amis , qui rendra justice à un écrivain de ce dernier parti ? et qui la rendra aux *jansénistes* eux-mêmes dans les lieux où les juges calvinistes et luthériens , plus nombreux , auraient à se prononcer sur la *grace efficace* ou *les libertés de l'Église gallicane ?*

Je puis me tromper ; mais il me semble que le jugement qui a acquitté les journaux libéraux n'aurait dû être appuyé que de ce simple considérant ;

« Attendu que la loi garantit le droit d'ex-
« primer sa pensée et que les écrivains ac-
« cusés n'ont point passé les bornes qu'elle
« prescrit, etc. , etc. , etc. »

Un pareil jugement eût satisfait la justice, et consolidé la liberté de la presse, mais n'eût pas convenu à ceux qui veulent qu'on arrange tout sur leurs projets, etc., etc., etc.

En définitive, monsieur le Comte, je ne crois pas que l'expulsion des *Jésuites* soit plus une *loi de l'Etat* que la *révocation de l'édit de Nantes*. Cependant, ces lois ont dû être respectées, et ressortir leur effet à l'époque où elles ont été portées, puisqu'elles émanaient de l'autorité reconnue; mais une loi nouvelle, la Charte, a anéanti l'une et l'autre, en établissant en principe la *liberté des cultes* et une protection égale pour tous.

Je crois qu'il n'est permis d'inquiéter ni Jésuites ni Protestans sous prétexte des deux lois, dont on veut bien oublier, un moment, la dernière, pour ne s'attacher qu'à l'autre.

Je crois que les *Jésuites*, n'existant pas comme congrégation à l'époque où la Charte nous a été donnée, ne peuvent pas, sans y être autorisés, se rétablir comme congrégation, relever leurs vieux établissemens, et faire, dans l'Etat, et pour eux seuls, des lois qui dispenseraient leurs agrégés d'obéir à celles du pays

Mais je crois aussi que personne n'a droit de s'informer si un homme est jésuite et membre d'une société formée à ROME, tant qu'il obéit aux lois de la France, et n'ordonne rien, comme *jésuite*, à aucun sujet français.

Je crois qu'il n'existe rien en France qu'on puisse appeler la congrégation des *Jésuites*, et qu'il y a une différence entre *les* Jésuites et *des* jésuites.

Je crois que toute secte ou faction est un mal, parce que son intérêt traverse l'intérêt général ; mais comme elles ne sont dangereuses qu'à raison de leur crédit et de leur importance dans l'Etat, je crois que plus la masse de leur puissance sera divisée, moins elles feront de mal.

Je crois que la faction qui a la force d'en chasser une autre est la plus dangereuse : sous ce rapport, j'aime mieux deux sectes qu'une, et j'en craindrais moins vingt que deux.

Je crois, enfin, monsieur le Comte, que l'on fait très-bien de se faire *libéral*, mais qu'il ne faut pas se faire *libéraux*, parce que les libéraux sont une faction comme les Jésuites, les citramontains, etc.

Votre très-dévoué serviteur,

LE FORT.

P. S. En relisant cette Lettre, je m'aperçois que je n'ai peut-être pas été assez clair, lorsque j'écris, page 28, que la Cour royale était incompétente pour donner son avis. Je m'explique. Je crois qu'elle ne devait pas se prononcer sur le fond, puisqu'elle se reconnaissait *incompétente;* mais elle avait, sans contredit, le droit de donner les considérans de son jugement *d'incompétence;* par malheur, je ne trouve, dans ces considérans, rien qui motive l'*incompétence*, ils sont tous énonciatifs d'une opinion sur le fond.

On n'a pas pu dire, à mon avis : « Attendu que les lois, décrets, arrêtés, etc., repoussent les Jésuites, la Cour se déclare *incompétente*. » Tout ce que l'on a dit est donc une opinion sur le fond qu'on n'a pas pu juger, mais qu'on entreprend de faire juger forcément et au goût d'une cour *incompétente*.

Je conçois que cette méthode peut servir l'anti-
patie des citramontains et la mienne contre les congrégations; mais, comme nous serons jugés un autre
jour comme nous aurons jugé les autres, je n'aime
pas cette méthode, indépendamment des lois que la
justice impose aux honnêtes gens.

FIN.